100切りお約束

逆説のゴルフ

PARADOX OF GOLF

PGA公認
ティーチングプロ 坂本龍楠
RYUNAN SAKAMOTO

双葉社

はじめに

ゴルフが難しい理由

実は私自身がゴルフを始めたのは遅く、19歳の時でした。

現在はジュニアコースも充実しており、幼少時からゴルフが練習できる環境を羨ましくも思います。

遅ればせながら19歳になって初めてクラブを握った私のゴルフの第一印象は、とにかく「思い通りにいかない！」でした。

私は小さい頃から野球をやっていたこともあり、身体を動かすことにそれほど苦手意識を持ったことはありませんでした。それが、ゴルフだけは少々勝手が違いました。

野球に関して言えば、小中高と厳しい練習する中で、体力も付き、技術も順調に向上していったように思います。日々練習をしていけば、それに見合ったぶんだけ上達して技術も向上するのだという意識があったので、ゴルフも「とにかく球数を打てば、練習に励めばきっと上手くなるのだ！」と思い、ひたすらボールを打っていました。

一日黙々と何千球も打ち込み、手のマメがつぶれるほど練習した時期もあります。

しかし、どれだけ球を打ち続けても上手くなるどころか、逆にやればやるほど下手になっていくような気がしましたし、次第に「何が正しいのか」すら分からなくなっていきました。

ゴルフはなかなか「コレだ！」という良い感覚が得られにくく、ある日見つかったとしても、次の日には突然いなくなっていたりします。それどころか、ちょっと休憩をしたらもう打てなくなっていることだってあります。

その原因は何か？――いつしかこれを発見することが、僕の最大のテーマになっていきました。そして様々な試行錯誤と紆余曲折を経て、今ようやくその答えのひとつが見つかったように思います。

ゴルフではクラブという重量のある道具を動かすため、そのクラブが自分の体の動きに〝影響〟を与えます。そしてその体への影響が、今度はさらにクラブの動きにも影響を与えるという事実です。

その連鎖のもたらす影響が、自分のイメージしたスイングとはかけ離れたような動きを作り出し、結果として思い通りにならないスイングになってしまうのです。

皆さんは、理想のスイングがあって自分の体を動かしているはずです。ところが、前述した連鎖の影響でほとんどの方が自分のイメージ通りには体が動いてくれないと感じるはずです。

では、どうすればよいか？

まず、体はこう動かしたいというイメージを持ちますが、それと同時に、持っているクラブはこう動こうとするのだということを理解することが必要です。

自分の体とクラブとを思い通りに動かすためには、まずは基本的なクラブの特性を十分に理解したうえで、正しい動きを生み出すスイング方法を考える必要があるわけです。

理想のスイングの公式

そこから導き出されるゴルフの公式は、「理想のスイング＝体の動き×クラブの動き×

自分の感覚」です。

この3つの組み合わせを理解してスイングすることによって、はじめて自分のイメージしたスイングになっていくのではないかと思います。

私はこれまでのティーチングプロとしての仕事で、あらゆる年齢や性別、身体能力や運動経験、考え方や姿勢など「ゴルフをする条件」が大きく異なる方々とお会いしました。また、初心者から上級者まで、習熟度も幅広い方々を対象としてレッスンを行っています。

その経験の中で出た結論としては、「体幹の働きを基本として、できる限りシンプルな動きでスイングする」です。体に余計な負担のかからない動きこそが、ボールに的確にインパクトできる再現性を与え、同時に力を最大限ボールに伝えることを可能にし、力みや無理・無駄・ムラのない美しいフォームを生み出し、望ましいスイングへとつながると確信しています。その結果として、スコアUPへと結びついていくわけです。

シンプルなゴルフ

本書は文章と動画を用いて、この「シンプルなスイング」を修得する方法を解説しています。タイトルを「逆説のゴルフ」としていますが、奇をてらったスイングを解説しているわけではありません。これまでの一般的なレッスンの理論や技術、方法論を踏まえたうえで、これまでの「教え」とは違った視点から簡単で無理のない方法論を示しています。

そのため、これまでの〝定説〟とは逆のことを意識するようになっている部分も数多くあります。ただ、それはゴルフスイングが「体の動き×クラブの動き×自分の感覚」の連鎖で行われるものだからです。理想を実現するためには、どうイメージをチューニングすればよいのか、それは従来の教えで果たしてよいのか、誰でも実践可能な優しい方法はないのか――こうした思いから本書を作っています。

幾つになってもできるゴルフ、怪我をしないゴルフ、シンプルなゴルフ、上達が見えるゴルフ、何より楽しいと思えるゴルフを実現していただくことを願います。本書がそのためのきっかけとなったら、これ以上嬉しいことはありません。

PGA公認ティーチングプロ　坂本龍楠

PARADOX OF GOLF

CONTENTS

100切りお約束

逆説のゴルフ

PGA公認ティーチングプロ　坂本龍楠

PARADOX OF GOLF

CONTENTS

100切りお約束

逆説のゴルフ

PGA公認ティーチングプロ 坂本龍楠

基本の逆説 ～その1～

「クラブヘッドの開閉」は極力使わない!!

まず初めに、一番大切なゴルフクラブの動かし方のイメージです。野球やテニスなどと違って、ゴルフクラブの場合は棒（シャフト）の先端に打つ場所（ヘッド）がくっ付いています。また、ヘッドは先端から飛び出るような形で付いており、さらに言うと、ヘッドは中心よりも後側（右側）に設置されています。

ゴルフでは真っ直ぐボールを飛ばすためには、アドレス時のフェースの向き（ボールに対して垂直）をインパクトで再現しなくてはなりません。ただ、クラブの形状から、スイングの過程でフェースは「時計回りに開き（オープンになり）がち」です。いや、必ず開いてしまうと言ってもよいでしょう。

そのため、スイング中に開いたフェースをインパクトまでに元に戻す（閉じる）動作が必要になってしまうのですが、これがとても難しいんです。ですから、発想を転換して、ヘッドが極力動かない状態でスイングしてあげることを考えて欲しいのです。

アマチュアゴルファーを泣かせるスライス、フック、シャンク、ダフリ、トップ……といったミスショットの多くは、インパクト時にフェースがまっすぐにボールに当たっていないために起こります。

そこで本書では、「フェースを開いて閉じる」打ち方ではなく、「フェースはアドレスの時点から変えない」打ち方をレッスンしています。僕はこの打ち方が一番シンプルだと思います。

是非、身に着けてスコアアップに役立ててください！

クラブはヘッドの重さで時計回り（右回り）してしまいます!!

シャフトの右側にヘッドがついているため、クラブの重さは左右均等ではない！

アマチュアの方の多くはこんなテイクバックです!!

自分から見てヘッドが時計回りに回転してしまうと、テイクバックでクラブは右側に「べろーん」と垂れてしまう…

クラブヘッドが回転しようとするのを抑えてスイングしましょう!!

基本の逆説 ～その2～

「体の動いた分」だけでクラブを動かす！

フェースの開閉を行わず、クラブの先端部分であるヘッドをアドレスと同じ状態でボールにぶつけるにはどうすればよいか——そのためには、クラブを手で動かすのではなく、体全体で動かすことが不可欠です。いわゆる「手打ち」ではいけないということです。

手打ちに対して、体全体を使ってスイングすることを「ボディーターン」と言いますが、僕がオススメしたいのもこちらの打ち方です。

クラブを持ちアドレスしたら、その状態から体を動かすことでバックスイングしてトップを作り、同様に体を動かすことでダウンスイング、インパクト、フィニッシュまでを行います。体で打つために大事なことは、「クラブは体が動いた分だけ動く」という意識です。体とクラブの運動量を等しくできるのが目標です。

手でクラブを持ち上げようとしたり、手先や腕の動きでクラブを動かすのではなく、体を回すことで手の先に握られているクラブも動くというイメージです。下半身が主導して上半身を同時に動かしているような感じで、体全体をしっかりと動かすわけです。

その時に意識してほしいのが、ヘソや胸の中心の向きです。構えた段階が0度だとしたら、バックスイングでは90度右を向き、フィニッシュで90度左を向きます。ヘソや胸の中心を左右対称に動かすイメージで体を使っていきましょう。アプローチショットなどの短いショットでも絶対に手で打たず、同じように体を回して打っていると、スイングに安定感が出てくるはずです。

バックスイングでは、おヘソが90度右を向くように!
左右対称の動きを心がけよう!
フォロースイングでは、おヘソが90度左を向くように!

基本の逆説
〜その3〜

クラブは常に「体の正面」にあるようにする！

力強く正確にスイングのエネルギーをクラブに伝えるには、常にクラブを「体の幅の中」に収めて動かすことが大切になります。

手先や腕を使ってクラブのヘッドを動かしてしまうと、体が動いた分以上に手が動いてしまうため、体の幅からクラブがはみ出してしまいます。

そうすると、クラブが体から遠ざかってしまったり、クラブフェースが開いてしまったりして、スイングの力が効率よくボールに伝わりません。

アドレスで構えた姿勢のまま体を左右に回転させて、加えて常に体の正面にクラブがある状態を維持することを意識してください。そのためにはどうやって体を動かせばよいのか、これを身に着けてほしいです。

クラブが体の幅から外れてしまうということは、クラブが体と別の方向に動いてしまったり、不必要に傾いたりすることを意味します。ＤＶＤを見ていただければ分かりやすいですが、体の幅といっても結構余裕があります。上半身の胴体部分丸ごとが「体の幅」だと思っていただければと思います。

体の幅からクラブがハミ出した状態になると、そのいびつな状態をなんとかしようと、体を傾けてしまったり、手でクラブを振り回してしまうわけです。

繰り返しますが、クラブは常に体の幅に収まっている状態でスイングしてください。こうすることで、フェースの開閉を行わず、体の運動量とクラブの運動量が等しい理想的なスイングができると思います。

きれいなトップに見えますが
クラブは「体の幅」から
飛び出してしまっています…

手打ちの人はテイクバックで
クラブがこのように
「体の幅」から完全に
飛び出しています！

トップはクラブが
「体の幅」に収まる
このくらいの
イメージでOKです！

グリップの逆説
～その1～

「左手しっかり／右手ゆるゆる」は間違い…「左右均等」に握ろう！

グリップを握る時の強さについてです。

「グリップはどのくらいの強さで握ればよいのですか？」

レッスンをしていると、生徒さんからこう質問されることが多いです。ただ、握る強さといっても、人によって握力も違いますし感覚も異なりますので、一概に「○○くらいの力で」と言うのは難しいです。

それよりも、右手と左手の握りの強さについて考えてみたいと思います。これは握力などに個人差があっても、問題なく把握できると思います。

一般には「左手しっかり、右手ゆるゆる」で握れと教わることが多いはずです。左手の中指、薬指、小指でしっかりとクラブを支え、右手は添えているだけの感じと教わる場合もあります。ただ、この教えを忠実に守ると、その結果として左手を支点に右手でクラブを走らせるスイングになってしまう方が多いです。これは結局、右手を使ってスイングしてしまっているような状態です。

ですから逆に、「右手しっかり、左手ゆるゆる」の握り方も経験しておくとよいかもしれません。これでも意外やきちんと打てることに気が付くはずです。

ゴルフスイングに力みは禁物ですが、力を抜くのはなかなか難しいので、どうやったら力が抜けるかを追求していく必要があります。そのためにも、アマチュアの方は「左右均等のグリッププレッシャー」で握ることをおススメします。これができるようになった先に、あなたの理想のグリップ圧があるはずです。

「左右均等」の力感で握るために「右手しっかり／左手ゆるゆる」で打つ練習をしてみるのもグッドです！
左右合わせて
10
5
5
FIDRA

グリップの逆説
〜その2〜

主流になっている「フックグリップ」にし過ぎない！

グリップの種類は、オーバーラッピング、インターロッキング、テンフィンガーグリップ（ベースボールグリップとも言います）などいろいろありますが、実際に試してみて自分にとって一番しっくりする握り方を選べばよいと思います。ここにあげたグリップの方法は、左右の手の指の配置に関する握り方です。

一方で、グリップにはフックグリップ（ストロンググリップとも言います）やウィークグリップといった握り方もあります。そして、現在の主流となっているのがフックグリップです。フックグリップとは、正面から見て左手の甲が見えるようなグリップのことを言います。

ゴルフのアドレスを見直してみると、分かることが一つあります。ゴルフの構えは自然に構えても少し体が右に傾くようになっているのです。これは左右差をなくして構えているつもりでも、右手のほうがクラブの下を握っているため起こることです。グリップはテンフィンガーグリップを除いて、右手と左手が重なるように指を絡めて握りますが、これは右手と左手の高さの差をなるべくなくしたいからでしょう。

ですが極端なフックグリップは、さらに左右の高低差を作ってしまい、ティーアップしていないボールを打つのが難しくなってきます。すると、長いクラブと短いクラブの打ち方が微妙に変わってしまうこととなり、ミスショットの原因になってしまいます。

過度なフックグリップは、正しいスイングの妨げになると覚えてください！

フックグリップが強いと
右肩が下がってしまい
正しいアドレスをとれなくなります

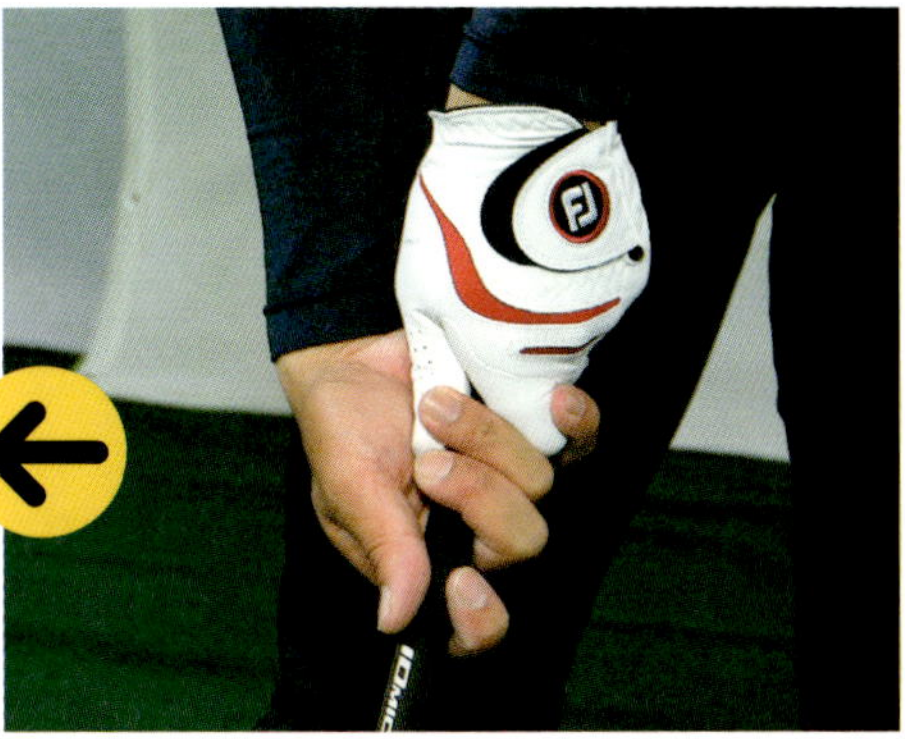

フックグリップの度合いが強くなると、左手の甲が体の正面を向く「いびつなグリップ」になってしまいます…

初心者は
左右均等の力で
スクエアに握るのが
おススメ!

グリップの逆説 〜その3〜

胴体の前でグリップを作り そのまま前傾しよう！

グリップの注意点のもう一つは、グリップをどのタイミングで完成するかです。実は、クラブを地面に垂らし、ボールにクラブをセットしてからグリップを完成させるのは大きな誤りです。

アマチュアの皆さんのラウンド中の動きを見ていると、ボールを打とうとしてスタンスを決めて、ボールにクラブをセットしたあとに、その場でグリップを覗き込みながら完成している方をよく見かけます。その流れは別に問題ないのですが、グリップは胸の前で自分が直立した状態で完成させたほうが、正しいグリップになりやすいということを覚えておいてください。

何故か？　まず、下にうつむきながらグリップを握ると体が丸まってしまい、肩甲骨が落ちて猫背のような恰好で腕がダラーンと垂れた状態になってしまいます。そのため、アドレスの姿勢に大きく影響が出てしまいますし、下から握り込んでいるような形になってしまい、左右対称からはかけ離れたグリップになってしまいます。

もう一つは、右手が下にある状態なので、ボールを下から上に打ちあげるという意識が働きやすくなるということです。

本来、胸や身体の前でクラブを持っていただくと分かるとおり、右手のほうが左手の上にあるのが自然な状態です。そこから少し前傾して、ボールを打っているわけですが、フックグリップが強いと右手が打つ時に左手の下になり、すくい打ちになってしまいます。グリップは胴体の前で完成させる習慣を作りましょう。

胴体の前で
グリップを作ろう！
クラブと体は
垂直の関係になります！

そのまま前傾すると
力みのない
「自然なアドレス」が
完成します！

アドレス&ボールポジションの逆説
~その1~

多くのアマチュアゴルファーは前傾が深すぎる！

アドレスの姿勢についてです。

皆さんは、アドレスの際に姿勢よく構えようとするあまり、腰を反り両足の指先に体重を乗せようとしているのではないでしょうか。

このように前につんのめるような形でバックスイングに入ると、そこからバランスを取るために、逆にダウンスイングでは身体が起き上がって打ってしまうことになります。結果、トップになったり、ボールが右に飛んでしまったりというようなミスを招きます。

そこで、前傾姿勢に対する意識を変えてみてください。多くのアマチュアの皆さんは、前傾を意識するあまり前のめりのアドレスになっています。こうした構えに、クラブフェースを開く動作が加わることによって、クラブの重さが背中側に移動していってしまい重心がずれていきます。このずれを直すために無意識に重量のある頭でバランスを取ろうとして、さらに前のめりになってしまいます。

頭が前に下がってしまうとスイングが窮屈なものとなり、結果としてクラブの通り道が狭くなってしまいます。そのため、クラブの通り道を作るためにダウンスイングで体が伸びたり、起き上がったりという動作を招いてしまいます。

自分が考えているよりも前傾は浅くする意識でアドレスしてみてください。骨盤をやや前傾して、体に負荷のないかたちで構えられるのが理想です。「ボールは下目に見えていればよい」くらいの意識でOKです！

垂れ下がった頭の重さとバランスをとるため、重量のあるクラブヘッドを背中側に運ぼうとしてしまいます！

前傾が深すぎると
頭が下がりすぎて、かかと部分に
重心がかかってしまいます！

前傾は深すぎず
頭を下げ過ぎない
のが理想です!

アドレス&ボールポジションの逆説 〜その2〜

「スタンス幅」は番手ごとに変えない！

「スタンス幅はどのくらいにすればよいのか？」というご質問をよくいただきます。

一般的に考えるとアプローチなど短い距離を打つショットや、小さく振るようなスイングの時はスタンス幅を狭くして、ドライバーショットや体を安定させる必要がある時などはスタンス幅を広くしますが、最適なスタンスがなかなか決められない人は、すべてのショットを同じスタンス幅にしてみることをおススメします。目安としては、「肩幅ぐらい」で打ってみるのがよいでしょう。

肩幅のスタンスだと短いクラブでは広めに感じますが、しっかり体重移動をすることができるようになります。逆に長いクラブの場合は少しスタンス幅が狭いように感じるかもしれませんが、スタンス幅が狭い分、左右のぶれが抑えられ、体の回転で打てるようになるのではないかと思います。

短いクラブで足をくっつけ、スタンス幅をとらずに打つ方がいますが、これだとちょこんとは打ちやすいですが体はほとんど回りませんので、手の感覚だけで打つ、いわゆる「手打ち」となってしまいます。アプローチのような小さな動きであっても、ショットのようにしっかりと体全体を左右に振ることが大切です。

逆に体のしっかりと回るドライバーでも、肩幅程度でしたら狭過ぎるというわけではありませんので、同じような体の使い方でよりコンパクトにスイングすることができるのではないかと思います。

アプローチでもスタンスをしっかり
とり、体を回して打ちましょう!

アプローチではこのように
スタンスを狭くしてオープンで
構える方が多いですが
これは「手打ち」の温床です!

アプローチでしっかり
スタンス幅をとって
打っていれば、ウッド系でも
アプローチと同じように
打つことができます!

アドレス&ボールポジションの逆説 〜その3〜

すべての番手でボールは「中心の左側」に置く！

ボール位置についてです。ボール位置にも色々な説明がありますが、一般的にはドライバーは左足かかと内側の線上に置き、そこから番手が短くなっていくごとに右側に移動していく。ウッド系は左足寄り、ミドルアイアンは真ん中に置き、短いクラブは右足寄りに置くという具合です。このように番手によってボールの位置を変えるのは、どちらかと言うとフェースを返す打ち方、フェースローテーションを行う人に有効ではないかと思います。

しかし、ショットの度にどのクラブで打つかとか、傾斜やボールの状況がどうかによってボール位置を変えるのは、スイングを複雑にしてしまいます。

そこでおススメしたいのが、すべての番手でボールを中心により左側に置き固定することです。

しっかりと体を回してスイングした場合、体はアドレスで正面を向いていてテイクバックで体重が右に乗り、インパクトの時には左足に乗っています。

アドレス位置からトップを作り、インパクトで再度アドレスの位置にクラブが戻っていくイメージとなりますが、正しく体が動いていれば、実際はインパクト時にはアドレスより体の位置というのはやや左に流れています。ですから、インパクト時には体の中心よりもやや左側でボールを捕まえているわけです。

したがって、正しい体重移動、回転を伴う動きにとっては、ボールの位置というのは必ず体の中心より左にくるわけです。

ウェッジやショート
アイアンでは体の中心より右側に
ボールを置く人が多いですが
これはやめましょう！

ウェッジでもドライバーでも
すべての番手でボールは
「体の中心より左側」に
置きましょう！

テイクバックの逆説
〜その1〜

ハーフウェイバックまで「かなりシャット」に上げる意識を持つ!

テイクバックについてです。テイクバックはスイングの初動になりますので、これを失敗してしまうとスイング全体が難しくなってしまいます。

テイクバックで大切なのは、手でクラブを動かさず、あくまで胴体を使って動かすということです。チェックポイントは、クラブが腰の高さに来た時点（ハーフウェイバック）で、クラブがスタンスのライン（飛球線）と平行になっていること。同時に、クラブの打面（フェース）の向きが自身の前傾角度と同じになっている必要があります。

多くの方が、強く当てようとか飛ばそうとして、クラブが腰の高さにきた時点で、背中側に流れてしまっていて、フェースも時計回りに開いてしまっています。そこで、意識改革が必要となります。フェースの向きを変えずに、腰の高さまでクラブをスタンスと平行に上げるためには、フェースの向きが地面を向いているぐらいの意識で上げていく必要があります。

こう言うと、「かなりシャットに上げるんだな」と感じる方もいるかもしれませんが、実際はこれが〝フラット〟です。先に説明しましたように、フェースはその重みで自然と時計回りに回転していってしまいます。この回転を抑え、アドレス時の状態を保ったまま前傾角度と同じ角度で地面を向いてフェースが〝おじぎする〟ような恰好でテイクバックをしなければなりません。

これはスイング全体を通じてもとても重要な動作ですので、繰り返し練習してみてください。

クラブヘッドの重さに負けてしまうと、
手元が浮いてテイクバックで
フェースが空を向いてしまいます…

フェースの向きを意識して
体をしっかり回して
テイクバックすれば、
フェースは地面を向いています！

テイクバックの逆説 〜その2〜

アドレス時にできる「二等辺三角形」は維持しない！

テイクバック時の体と手元の距離感についてです。体と手元との関係では、アドレス時にできた距離を保つことが大切になります。

　この距離をキープしてスイングできるとボールをミートすることができ、正しくインパクトすることができます。では距離を保つためにはどうすればよいか？

　それは、「アドレスの時にできる二等辺三角形を崩さない」という教えを見直すことです。

「三角形を崩さずにスイングしろ」とよく言われますが、この意識が強くなると、腕をピーンと伸ばした状態に陥りがちです。こうなると、アドレスからテイクバックをしていくうちに、徐々に腕とクラブが伸びていき、手元と体の距離も離れていってしまいます。そのため、起き上がりや伸び上がりといったミスを招きやすくなり、ダフリやトップに悩まされることになります。

　アドレスで腕をピーンと伸ばし、三角形を維持することに集中してテイクバックすると、アドレス時にできた適切な手首とクラブの角度がほどけ、腕が伸びて手元も体から離れてしまうというわけです。こうなると、適切なスイングプレーンを外れてしまいますので、遠回りしたクラブを無理やりトップの位置に上げる動作が必要となります。つまり「手打ち」になってしまうわけです。

　正しいテイクバックを身に着けるためには、まずは腰から腰のぐらいの振り幅でアプローチを練習するのが効果的です。体と手元の距離感を保ちながら、軽やかにアプローチの練習をしてみると効果テキメンです！

腕をピーンと伸ばして
「三角形」を維持しろという
定説があります

これでテイクバックすると、
グリップがどんどん体から
離れていってしまいます！

アドレスでは腕を
伸ばしすぎず、
三角形というよりも
ゆるやかな五角形を
作ることを意識して
ください！

テイクバックの逆説
〜その3〜

下半身と上半身に時間差を作らず「下半身主導」でしっかり体を回す！

テイクバックでの注意点を整理すると、①腰の高さでフェースが地面を向いているような意識を持つ②クラブが体の幅から飛び出さないようにする③手元と体の距離を一定に保つ——ということです。

そのためにどう体を使っていくかですが、意識したいのは、「下半身で体を動かしていく」ということです。体の下側のパーツ、つまり足が動いていれば、そこに乗っかっている胴体部分や腕も連動して動いていきます。すると当然、体の前にあるクラブも体と同じように動いてくれます。

ここでポイントなのは、上半身と下半身に〝時間差〟を作ってはいけないということです。下半身が主導すると言いましたが下半身のみが先行してしまうのは誤りで、体全体を同時に動かしている感覚を持つ必要があります。その際、腰が止まってしまうと腰から上の胴体を無理やり捻っているような恰好になりますので、肩周りが異様に引き伸ばされてしまいます。

足から腰そして上半身と回して、テイクバックで腰から上が丸ごと真後ろを向くようなイメージ、腰を90度回すイメージで動かしてみてください。

よく「右膝は動かさない」と言われますが、下半身が動かせない人がこれを意識してしまうと、余計に上半身を引っ張りあげたような形になってしまいますので注意が必要です。テイクバックは下半身主導ですが、実際には下半身も上半身も同時に同じ分だけ右に回転していくイメージを大切にしてください。

アマチュアの方が
「下半身と上半身の捻転差」を
意識するのは難しいです。
上下半身が等量動く
イメージを持ってください！

テイクバックの逆説
〜その4〜

肩を回すのではなくヘソを回してテイクバックする！

よく「肩を回す」「肩を入れる」というような表現を耳にします。この意味は、体幹でクラブを動かしてスイングするために、動かしてしまいがちな手先や腕の動きを抑える狙いがあります。肩を意識することで、スムーズに手や腕を連動させることができるというわけです。

しかし、ここで注意しなくてはいけない点があります。手や腕は肩とつながっているということです。肩と腕の境界線をゴルフのスイング中にイメージすると、肩と思っている部位はもちろん肩でもあり、二の腕の上にあたる部分でもあります。自分では肩を回している、肩を入れていると思っていても、実は腕を上げているだけとか、腕を伸ばして後ろに引っ張っているだけの状態になってしまうことも少なくありません。

繰り返しになりますが、体を使って打つためには、「下半身の動きで上半身を動かして、その上半身に握られているクラブも同じように動かす」ことがポイントです。ですから、どちらかというと、下半身に近い部位に意識を持つほうが理にかなっています。

おススメしたいのは、ヘソです。テイクバックではヘソを90度右に向ける意識を持つとよいと思います。人によってそれがみぞおちだったり、胸だったりするかもしれませんので、自分が意識しやすい部位を見つけてみてください。私のオススメは肩よりも下半身に近いヘソを意識することです。また、ヘソのほうが肩よりも体幹を意識しやすいはずです。

両肩を右に90度回して
テイクバックすると教わった方は
多いはずです

ただ、肩を意識すると
手でテイクバックしてしまう
ミスも起こります

肩ではなく
「ヘソを飛球線後方に
向ける」イメージで
テイクバックしましょう!

テイクバックの逆説
〜その5〜

腕を体から遠くに持っていかない！

テイクバックに限ったことではありませんが、ゴルフのスイングにおいては体と手元、クラブの距離感を保つことが重要になってきます。

ここで問題なのが、「スイングアークは大きく」という言葉です。スイングアークとは、スイングにおいてクラブヘッドが描く円弧の軌道のことですが、これを大きくしようと意識してテイクバックすると、クラブを遠くに、勢いをつけて上げてしまいがちです。

特にドライバーやウッド、ロングアイアンのように飛距離が欲しいクラブでスイングする時は、この傾向がさらに強くなりますが、これだと手元と体の距離がどんどん離れていってしまいます。

大きな番手でフルスイングをする時もアプローチを打つ時と同じスイングができることが望ましいので、決してヘッドの重量を利用して勢いをつけたテイクバックをしたりせず、クラブは静かに動かしましょう。

勢いをつけてテイクバックしてしまうと、自分でも気が付かないうちに、クラブヘッドがどんどん体から遠くに離れていってしまいます。

常にアプローチのスイングを思い出して、腰の位置までクラブを上げた時のクラブと体の距離感をすべての番手で同じにしてください。空のゴルフバックなどを横に置いてそれにぶつからないようにスイングする練習をしてみるのも効果的だと思います。

正しいスイングでは、クラブは自分の感覚よりもかなり体の近くを通ることを実感してみてください！

アドレスでできた手元と
体の距離が保てれば、
ついたてには当たりません！

テイクバックでクラブが
体から離れていくと、
ついたてにクラブが当たります…

コンパクトな
スイングアークを
意識しましょう!

テイクバックの逆説
〜その6〜

ハーフウェイバックからは「シャフトを地面と垂直」に上げる！

よく、ダウンスイングでクラブが「寝る」という表現があります。クラブが「寝る」とは、クラブが背中側に傾いて垂れてしまっている状態を指します。この「寝る」度合いが強いとヘッドがボールに対して遠回りして動いてくるので、クラブの最下点（ヘッドが一番低くなる場所）がボールの後ろ側になりやすく、ダフリやトップ、スライスにフックと色々なミスの原因になります。簡単に言うと「すくい（あおり）打ち」のような形です。

この「寝る」という状態を予防するためにも、スイングの最初の準備にあたるテイクバックや、バックスイングの際のクラブや体の動かし方が大切になります。

これまでテイクバックで体をしっかりと動かして、フェースが開かないようにする方法を解説してきました。次に大切になるのは、クラブが地面と垂直になるようなイメージでクラブを上げていくことです。

ハーフウェイバックの時点からトップにかけて、クラブの傾きをコントロールできないと、どんどんクラブは背中側に移動しフェースは開いていきます。これを防ぐためには、ハーフウェイバックからは意識的にクラブを垂直に立てていくことが大切になります。

クラブが垂直に立つと、手元にヘッドの重量を乗せることができ、クラブの重さが苦にならなくなります。そうすることで、力みのないスイングができるはずです。クラブは垂直に立てる――これができるとミスショットが激減するはずですので、練習してみてください！

クラブが寝ていると
様々なミスにつながります

クラブは寝かさず
「地面と垂直」のイメージで
上げていきます！

ドライバーも
垂直に立てる
イメージで
OKです！

テイクバックの逆説
〜その7〜

コックは意識して入れない！

クラブを上げる時の手首の角度についてです。手首を曲げる度合いのことをコックといいます。ゴルフでは、クラブとヘッドが作る角度のことをライ角、クラブの打面の傾きをロフトと言います。

この2つの角度を変えることなくインパクトしていくのがナイスショットの絶対条件ですがクラブ自体の角度が変わってしまうと、フェースの向きも変わってしまいます。そこでコックが重要になります。

クラブをしっかりと垂直に立ててバックスイングできていれば、手首の角度も適正なものとなります。そう考えると、コックという動作を意識的にする必要はまったくありません。ただ、コックという決まりごとがないとスイングができないという人は、一般に言われる「右手の親指側に入れるコック」ではなく、「右手の甲側に折るコック」を試してみるのがよいと思います。

アドレスからクラブを上げていく段階で、ヘッドは宙に浮き上がっていくわけですが、同時に重力が働くため、重量のあるヘッドは地面方向に垂れ下がろうとします。

女性の方に多いのですが、それに気がつかずにテイクバックすると、どんどん手首が垂れてきてしまいます。手首がほどけてヘッドが地面に落ちないようにするためには、右手を甲側に折っているような感覚でテイクバックしていくと効果的です。

このような意識でテイクバックすれば、手首の角度は維持され、同時にライ角も維持されることになります。是非、実践してみてください！

アドレス時にできた手首の
角度がほどけてしまうと
トップで意識的にコックを
入れなければなりません

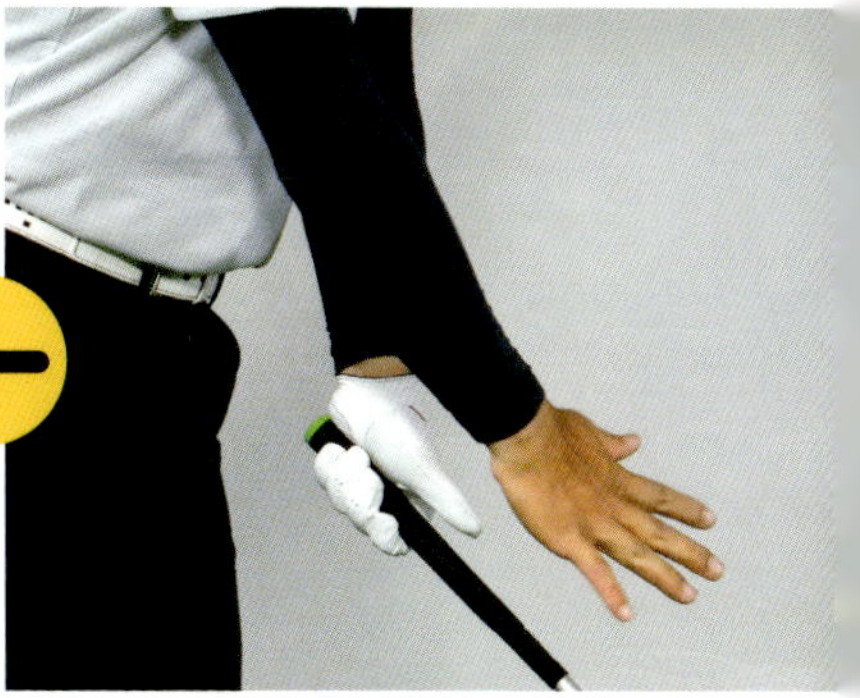

アドレスの時点で自然と
クラブとグリップの間に
角度ができています

コックは特に意識せず
アドレス時の
手首の角度を保つ
意識を持ちましょう!

トップの逆説〜その1〜

トップでは左手を「出前持ち」にするな!

トップ・オブ・スイングについてです。トップはバックスイングの終点ですね。この時の注意点は「出前持ち」にするなです。ゴルフの教本などでは、トップでは右手を「出前持ち」にすると説明しています。ただ、「出前持ち」にすると、手元やそれと連動するクラブが「体の幅」から飛び出してしまい、背中側へ移動してしまいます。

スイングの基本で説明したように、クラブはなるべく体の正面に位置して動かしていきたいので、この出前持ちの形のようにしてしまうと、いざクラブを振っていこうとする時に、体を回すタイミングで腕やクラブが最初から〝遅れた状態〟になってしまいます。

バックスイングではクラブを地面と垂直に上げるようにしてクラブが「寝る」という状態を避けているのに、トップで「出前持ち」の形を意識してしまうと、逆にクラブを寝かせるような動きになってしまうわけです。

クラブが寝るということは、フェースが開くということに直結しますので、開いたフェースをインパクトまでに閉じる必要が生じてしまいます。それで結局、手を返して打たないとボールに当てることができなくなってしまうわけです。これでは、手打ちになってしまいますし、振り遅れてスライスというミスも出やすくなります。

「出前持ち」の形は、右手の平の上にクラブを乗せているような状態ですが、トップで右手の平は、シャフトが倒れないように横から支えているようなイメージを持つように心がけましょう!

右手が「出前持ち」になっている
トップを練習する人が多いですね…

「出前持ち」トップだと
フェースが開き
「あおり打ち」などの
ミスが出やすいです

トップは
「出前持ち」にせず
クラブが垂直に
立ったイメージで
完成しましょう!

トップの逆説
～その2～

手元は「上半身の長方形」の中に収めよう！

「体と腕とクラブ」の関係性についてです。下半身の力で上半身を動かして、その上半身で握っているクラブは手で動かそうとしなくても、体が動いている分で自然と動く——という動作でボールを打っていけば、打面が変わりにくくエネルギーロスも少なくなります。

　これなら、クラブヘッドの重さが気になりにくいし、体の部位を捻ってストレッチする必要もないため、体にも負担が少なくてよいことばかりです。ただ、「体でスイングして手や腕は絶対に使わない」と思っていると、本当に体だけが動いてしまって、手や腕、そして持っているクラブが体の動きに対して後ずさりしているように、置いてけぼりになってしまうことがあります。

　いわゆる「振り遅れ」という状態で、クラブヘッドが体の回転に対して遅れた状態です。ゴルフクラブはヘッドに重量が偏っていますので、宿命的にスタートの段階から先端が遅れやすい構造になっています。

　左手を出前持ちにせず、クラブが垂直に立ったトップを作るのもこの振り遅れを防ぐ工夫だと考えてください。

さらに、トップで手元が「上半身の長方形」の中に入っているイメージを持つことも重要です。手元が上半身の幅から外れ、捻転の深い引き絞られた弓矢のようなトップから弾丸のようなボールを打つことができるのは、筋力のあるアスリートタイプの人だけです。

　一般のゴルファーは、そのようなトップのイメージにこだわらないことが上達の近道だと思います。

トップで手元が上半身の長方形の中からハミ出てしまうとミスショットが多くなります

グリップが上半身の長方形に収まったトップを目指しましょう！

トップの逆説 〜その3〜

トップで「左腕をピーン」と伸ばすな！

アドレス時にできた体、グリップとボールとの距離感を変えないでスイングすることが重要だと説明しました。そこで問題になるのが、「トップで左腕をピーンと伸ばす」動作だと思います。

繰り返しになりますが、左腕を伸ばすという動作は、一見距離感が一定のような気がしますが、この意識が強いとクラブがどんどん体から遠ざかってしまいます。

ですから、「左腕を伸ばす」イメージで上手くいっていない方は、逆に左肘を少し曲げるくらいの気持ちで、ゆとりのあるトップを意識してみるとよいでしょう。

ゴルフクラブはヘッドが重たいので、クラブを動かし始めると、嫌でも体からクラブが離れていこうとする動きが出ます。自分自身で左腕を伸ばそうと心がけずとも、力を入れずに体を回していけば、クラブの重みである程度腕は伸ばされていってしまうわけです。

ですから、自分で左腕を伸ばそうとしてバックスイングしていくと途中で腕のほうが息切れしてしまい、クラブの重さに負けて逆に曲がってしまいます。

また、左腕を伸ばす動きは体を動かしているつもりでも、実際は「手打ち」になってしまうこともあるので注意が必要です。

振り遅れとか、体に窮屈感がある人などは左腕を伸ばすのではなく、最初は気持ち悪いかもしれませんが、逆に緩ませるくらいの気持ちでトップまでもっていくとよいのではないでしょうか。

是非、お試しください！

左腕がピーンと伸びたトップは
クラブが体から離れてしまいます…

左肩をアゴの下に入れる意識が
強すぎるのもよくありません!

左腕はピーンと
伸ばすのではなく
少しゆとりのあるくらいで
ちょうどいいはずです!

トップの逆説
〜その4〜

トップでは右肘を締めるな！

バックスイングからトップにかけての肘の動きについてです。バックスイングではクラブを地面と垂直に上げて、「出前持ち」の形にしてはいけないと説明しました。

その補助的な動きになりますが、実は肘の使い方ひとつで「出前持ち」になったり、垂直に近い理想のトップにすることもできるのです。

右肘は第一に「体にあまり密着させない」ということが大切になります。肘を体に密着させてしまうと体の動きをブロックしてしまい、その結果、体が回りにくくなってしまいます。

アドレスの姿勢をイメージしていただければ分かりやすいと思いますが、肘は体に密着していません。脇を締めるというレッスンがありますが、これを「肘を体にくっつける」という動作と混同してしまっているケースが多々あります。

アドレスと同じ形を維持してスイングするのが理想であることを考えれば、スタートの段階で肘は体にくっついていませんので、トップの状態でも肘は体にくっついていないほうが自然ではないかと思います。

また、肘を体にくっつけにいく動作は、「出前持ち」の動きでもあり、クラブを寝かせてしまうことになります。ですから、クラブを振り上げた時の肘の角度は、体にピッタリとつけて地面を向いているというよりは、少し体から離れて上がっているような状態のほうが理想的だと言えます。

トップで右肘を締めようとすると
クラブが寝てしまう人が多いです

右肘を締めず楽にしていれば
右手の平でクラブが寝るのを
抑えられます！

ダウンスイングの逆説
〜その1〜

フェースが地面を向くようにダウンスイングしろ!

ダウンスイングのイメージについてです。ダウンスイングは当たり前ですが、バックスイングよりスピードが出ます。ですから、バックスイング同様、もしくはそれ以上にクラブが動きたがる方向を理解し、それを見越した準備が必要になってきます。

重要なのは、ダウンスイングでも体の前からクラブが外れずにスイングを完結するということです。そのために、トップでクラブを垂直にして体の幅から外れないような形を作ることを解説しました。その形から、体のどこかの部分が強く動くでもなく、アドレスの状態まで同じようなスピード感で体全体を一緒に動かしていくのが理想です。

そのためにまず気をつけなければならないのは、フェースの向きです。フェースを開かないようにするためにはどうすればよいか?

ダウンスイングの初期からフェースを地面の方向に向ける意識が必要です。フェースの向きを意識するのが難しければ、右手の平の向きをフェースに見立てて、右手の平を地面に向ける意識でダウンスイングに入れるとフェースが開きにくくなります。

トップで「出前持ち」のような形にしてしまうと、右手の平が空を向く形になりますので、そのままダウンスイングに入ると、そこからクラブを捻るようにして右手の平を1回転させなければなりません。トップで、右手の平が上を向かないような体勢を作ることが大切なのはそのためです。

手首の角度を保ったまま
フェースを地面に向けるイメージ
でダウンスイングしましょう！

ダウンスイングでは
「右手の平を地面に押し込んでいく」
イメージを持ちましょう！

ダウンスイングの逆説
〜その2〜

ダウンスイングではタメを作るな！

「タメ」についてです。よくダウンスイングでは右肘を体に引き付けて「タメ」を作れと教えられます。ただ、アマチュアの方がこれを意識して行うとクラブが寝てしまい、それに伴ってフェースが開いてしまうことが多いです。

そこで、ダウンスイングでの右腕、右肘、右手首の関係について考えてみましょう。ゴルフスイングを考えると、動きとしては左半身より、右半身のほうが利き腕の関係もあり複雑な動きをしていると思います。

特に左腕よりも右腕のほうが、「曲げ伸ばし」をしなければならない分、複雑な動きをします。アドレス時には、左右の腕の長さがそろった状態で構えているはずです。スイングでは、テイクバック、トップ、ダウンスイングを経て、インパクトで再びアドレス時のように左右の腕が伸びた状態に戻ってくるのが理想です。

そう考えると、「タメ」を作るために右肘を絞り込んでいく動きは、右腕のリリースのタイミングを遅らせてしまう無駄な動きに見えます。「タメ」を意識すると、右肘を体につけたまま窮屈に上半身を押し付けるような動きで打つか、インパクトの寸前に急激に手首や腕を伸ばして合わせるような動きで打つしかありません。

アマチュアの方は意識して「タメ」を作ろうとせず、ダウンスイングの際は、右肘、右腕を曲げすぎたり、絞り込んだりせず、素直にトップでたたまれた右腕をダウンスイング直後から元の長さに戻してあげる意識が必要になります。

右肘を締めてタメを意識すると
クラブが寝てしまいます…

タメの意識が強すぎると
頭が右側に倒れ「あおり打ち」に
なってしまいます！

ダウンスイングの逆説 ～その3～

ダウンスイングでは体全体で体重を左に乗せていけ！

ダウンスイングでの体重移動についてです。ゴルフではアドレスをフラットな状態だとするなら、バックスイングで右側に体重が移動し、トップからダウンスイングで今度は左側に移動し始め、フォロー、フィニッシュでは完全に左側に体重が移動しているのが理想とされます。

体重というのは、体をしっかりと回せていればダウンスイングで自然に左に乗っていくものですが、左に体重を乗せていく時に注意しなくてはならないのが、「体全体で左に移動する」ことです。

左に体重を乗せる「バンプ」という動きがありますが、皆さんは、腰部分を右から左に移せば体重が移動していると思われるかもしれません。

しかし、身体の一部分だけが左に移動してしまうということは、ほかの部分が右側に残ってしまう動きになりますので、「体が流れた」状態を作ってしまいます。いわゆる「スウェー」と呼ばれる形です。

体重移動はもっとシンプルに考えてください。体の回転がしっかりできていれば、骨盤が右を向いて回転すれば体重は右に乗り、左を向けばそれだけで左に体重移動が完了します。無理に体重を左に移そうという意識は必要はありません。もし、体重移動を意識したいのであれば、頭も胴体も下半身も同じ分だけ同時に左に乗せていくイメージを持ってください。

どこか体の一部だけを左に移そうと考えるのではなく、全身で一気に左に体重が移るイメージが正解です。

体のどこか一部を左側に送り込むのではなく
骨盤を中心に〝体全体が同時に〟左側を向く
イメージを持ちましょう！

ダウンスイングの逆説
～その4～

下半身リードを意識して腰を切るのは間違い！

トップからダウンスイングに移る〝きっかけ〟になるのが、「切り返し」と呼ばれるものです。切り返しは、よく「下半身リード、下半身先行」などと言われますが、実際に下半身だけを先に動かすようなイメージだと、本当に上半身と下半身とがバラバラになった状態を作ってしまいやすくなります。その結果、振り遅れという事態を招きます。

繰り返しになりますが、いかなる場面でも、体のパーツは同じだけ、同じスピード、同じタイミングで動かしていくことがスイングをシンプルにしてくれます。

ですから、下半身主導で切り返すために腰を左に切ったり、腰の部分だけを左側に寄せたりする必要はありません。頭、胸、腰、膝、クラブは、同じタイミングで同じスピードで同じ方向に動かす意識を持ちましょう。そうすることで、どこか一部分に頼ることなく、バランスのよいスムーズなスイングができるはずです。

下半身リードというのは、腰が素早く先行して回るというよりは、下半身でクラブを持っている上半身を動かしてやるんだ、というイメージで捕えてください。

下半身主導に関連して、レートヒッティングという言葉がありますが、これもクラブを無理に後に残して打つ必要はありません。

ヘッドに重量が集中したクラブをスイングするわけですから、普通にスイングしても自然に遅れが生じますので、それを意識的に遅らせるのは誤りです。「スイングは極力シンプルに！」を常に忘れないでください。

腰を先に左に切るイメージだと
右肘が窮屈になったり、フェースが
開きやすくなってしまいます…

腰を切るかわりに
左に突き出す人がいますが
これもやめましょう！

ダウンスイングの逆説
～その5～

ダウンスイングでも手元が遅れないように意識する！

繰り返し説明してきましたが、クラブが常に体の中心にあることが、ゴルフにおいてはとても重要です。それを可能にするのはグリップ＝手元が、体の中心にあることが必要です。ただ、厳密に体の中心に置いておくことは難しいので、もうひとつの目安として「体の幅＝上半身」からハミださないことを意識することがとても大切です。

本書ではくり返し体をしっかり左右に回して、手を使わずにボールを打つ方法を解説しています。体と手がクラブが同じ位置関係のまま同じ量の運動をすれば、アドレスと同じ理想的な姿勢でボールを打てるからです。

ただ、クラブの先についているヘッドが曲者です。【基本の逆説】でも説明したように、ヘッドは重量があるため、放っておくと地面に向かって垂れ下がり、同時に時計回りに回転する性質があります。

これを解決する方法が、意識して手元を体の幅にとどめておくことだと言えます。そうは言っても、トップからダウンスイングに移ると、体の回転についていけず手元が遅れてしまう方がとても多いです。ですから、ダウンスイングではより、「手元が体の幅に収まっている＝手元が遅れない」意識を持つことが重要になってきます。

「体を使って打つ」の真意は、「体だけで打つ」ということではなく、「クラブを体の前から外さないで打つ＝体の幅に収める」です。そして、「クラブを体の前から外さない」ためには「体を使って打つ」しかないので、こうした表現が登場したのでしょう。

テイクバック&トップで「体の幅」の中に
手元が収まるようにと言いましたが
これはダウンスイングでも同様です！

インパクトの逆説
〜その1〜

インパクトはフェースを地面にこすりつけるイメージで！

インパクトについてです。インパクトとはクラブがボールに当たる瞬間のことを言いますが、ボールに当たっているのは、実際にはごくごくわずかな時間です。そのわずかな瞬間こそが、ボールの飛び方や方向性、強度などを生み出す最も重要な瞬間であり、スイングのすべては適切なインパクトのためにあると言っても過言ではありません。

では、適切なインパクトとは何か？　それは、フェースやロフト角がアドレスの再現になっている状態です。

これまで、体を動かした分でクラブを動かしていくことを大前提に、アドレスしてテイクバックからバックスイングをして、ダウンスイングへと至るまで、極力クラブヘッドを開閉させないように動かす方法を述べてきました。インパクトも同様で、何も特別なことはしないまま体を回していけばよいのですが、ひとつイメージして欲しいことがあります。

インパクトは「クラブフェースが地面にこすれる」ぐらいのイメージを持ってください。フェースが地面に触れたあと、少し「地面を引きずる」ようなイメージだとなおよいでしょう。

これはあくまでイメージであって、そう思ってスイングしても実際はそうなりません。イメージと現実にはギャップがあるからです。インパクトでフェースを地面にこすりつけるイメージを持つことで、ヘッドの無駄な動きが減り、結果としてインパクトゾーンも長く取れるようになると思います。

ダウンスイングでフェースは
地面を向いたイメージです！

インパクトのイメージは
「フェースで地面をこする」です！

インパクトの逆説
～その2～

インパクトでヘッドだけ加速させる意識は捨てろ！

「ヘッドを走らせる」という表現があります。これは具体的に言うなら、手首を急激に返す（こねる）ような動きで、ヘッドスピードを上げるイメージだと思います。

ヘッドが走ること自体は悪いことではないのですが、「ヘッドのみが加速してしまう」のはあまりよいことではありません。なぜなら、ヘッドが体より先にいけばいくほど、フェースが上を向いてしまうからです。フェースが空のほうを向けば、ボールは高く上がるか、回転数（スピン）が増えてしまいます。そうすると力が逃げてしまうため、ボールが前に飛ばなくなってしまう可能性があります。

この動きはアプローチになるとさらに悪影響が出ます。アプローチの動きは力をさほど必要としないので、ゆったりと体を回してスイングするのが理想です。しかし、ヘッドを走らせる動きは、アプローチでもインパクトの瞬間にヘッドが急激に返ってしまうため、トップや方向性のミスが出やすくなります。アプローチ用のクラブにはもともとロフトがついていますので、すごくボールが上がってしまって距離感もつかめないでしょう。

ヘッドと手元が常に体の前にある状態で、ゆったりとしたイメージでスイングすることをこのアプローチの動きで覚えておきましょう。腰から腰の振り幅で、フォロー側でヘッドが背中側に向かわずに体の前側で収まっているスイングの練習をしてみてください。その位置で止められれば、正しいインパクトでしょう。

腰から腰のスイングを練習し
フォローで写真のように
ヘッドが背中側に移動せず
体の前側にあれば
正しいスイングができています！

フォローの逆説
〜その1〜

フォローでは左腕ではなく右腕を伸ばしていけ！

フォロースルーは、インパクト後の振り抜きのことを言います。インパクトの後も少し両腕が伸びた状態を保てたほうがインパクトが長くなり、その分ボールに力を伝えることができます。

ただ、インパクト後に「左肘が引ける」「左肘が曲がる」というお悩みを抱えている人は多いのではないでしょうか。これだと、長く力を伝えるインパクトになりません。そこで、なんとか「左腕を伸ばしていきたい」と思います。ただ、左腕を伸ばそうと意識すると、余計に左肘が曲がってしまいます。その理由は、構えた段階から左腕のほうがわずかに右腕よりも体に近い位置に握っているからです。

左腕を伸ばそうとすると、わずかに下を握っている右腕もその長さに合わせるように動かなければなりません。そうすると、長さの足りない右腕は手首を伸ばすことで左腕の長さに合わせようとします。こうなると手首の角度がほどけてしまいますので、ヘッドだけが走る動きが出てしまいフェースが回転してしまいます。

フェースが回転するとクラブヘッドは体の後方（背中側）に向かおうとしますので、腕を伸ばしていきたい飛球線の方向には向かってくれません。そして、体の回転がヘッドに追いつかなくなって、ヘッドだけが動いていくので最後は左肘が曲がった状態になってしまうのです。

ですから、フォローでは左腕を伸ばしていくのではなく、右手首の角度を保ったまま右腕を飛球線方向に伸ばしていくイメージを持つとよいと思います。

フォローで左腕を
伸ばすイメージだと
ロックしていた手首の角度が
ほどけてしまいます…

左腕ではなく
右腕を伸ばすイメージだと
手首の角度がほどけません！

フォローの逆説
～その2～

フォローでは左にクラブを振ってはいけない！

クラブの振り抜き方についてです。クラブを振り抜く時も、基本的にはクラブを上げる時と同じような動きになるのが理想です。ですから、正しいバックスイングができていないと、フォローも同じように誤ったものになってしまいます。

例えば、フェースを開いてバックスイングを行えば、シャフトが傾いてヘッドが背中側に遠ざかり、ヘッドの重みが腕や肩回りの上半身の負荷となるため、スイングに影響します。

これと同じことがフォロースルーにも起きてきます。開いていたフェースを、慌ててインパクトまでに戻そうとするので、インパクトの後はフェースが急激に閉じて、やはり背中側に倒れて動いていくような動きになります。そうすると、フィニッシュのバランスが崩れる原因になってしまいます。フォローで左に振り抜く意識が強い人はさらにこの傾向が強くなります。

こうしたことを防ぐために、バックスイング同様に、フォロースルーでも地面と垂直に近いような状態でクラブが抜ける意識を持ってスイングしていくことが大切です。クラブが立って体の前にあるうちにしっかりと体を動かすことができれば、ヘッドの動きに左右されずにフィニッシュまで向かうことができます。また、フィニッシュでバランスよく立てるのではないかと思います。

練習のイメージとしては、壁を背中に少し離れてスイングしてみるのがよいでしょう。フォロースルーが壁に当たらないようにスイングできればよいと思います。

フォローを左に振り抜く意識が強いと、フェースが急激に返りクラブが背中側に移動します

正しいフォローだとフィニッシュ近くでクラブが垂直に立ち安定した姿勢をとることができます！

フィニッシュの逆説
～その1～

フィニッシュはきちんと取らないイメージでOK!

スイングの終点、フィニッシュについてです。フィニッシュはスイングのゴールの部分ですので、どう動かすかというより、今までの動きの結果を測定する意味合いがあると思います。その一つに「フィニッシュがきっちりとれているか?」というものがあります。フィニッシュでよろけたり、崩れたりしないでバランスよく立っていられれば、スイング全体もバランスよく行えたという意味です。ただ、これには注意が必要です。きれいなフィニッシュを意識するあまり、無理矢理あとづけで手や腕を運んで、逆に不自然なフィニッシュになってしまっている方が多く見られるからです。

この原因も、ヘッドと腕と体が同じタイミングやスピードでフィニッシュまで進行せずに、バランスが取れないうちにスイングが完了してしまっているからです。一番多いのは、体を回そうと思うあまり体だけが早く回ってしまって、遅れてしまった手や腕を後から強引に振ってフィニッシュに持っていくような打ち方です。

こうしたフィニッシュを修正するには、振り幅を一定にし、クラブが地面に垂直の位置のトップから、同じく地面と垂直の位置のフィニッシュまでのスイングを繰り返し練習することです。

プロのようなきれいなフィニッシュをとることばかりを意識してバランスを崩しているくらいなら、フィニッシュをとることは考えず、しっかり体を回すことだけを考えてスイングしてみてください。そのほうが、自然なフィニッシュに近づいていけると思います。

フィニッシュを無理に取ろうとして
写真のような姿勢になっている方を
よく見かけます…

フィニッシュを特に意識せずとも
体をしっかり回してスイングでき
ていればクラブが垂直に立った安
定した姿勢になります！

フィニッシュの逆説 〜その2〜

フィニッシュでは「クラブは地面と平行になる」イメージで！

もう一つ、フィニッシュについての注意点です。それはフィニッシュの時のクラブの角度についてです。

フィニッシュはスイングの終点と言いましたが、終点であるにもかかわらず、クラブに勢いが残っていたり、シャフトが背中のほうまで傾いていたりと、フィニッシュを迎えてもクラブが動いてしまっている方が見受けられます。こうしたクラブの〝余計な動き〟は、体の動いた分だけでスイングできていれば生じません。手首や腕を使ってクラブに勢いをつけて振っているから、こうしたことが起きるわけです。

正しいフィニッシュを迎えられているかを見極めるポイントが、フィニッシュ時のクラブの傾きです。厳密にこうじゃなければいけないというものではありませんが、クラブが背中を伝い地面垂直方向に垂れているようなフィニッシュではなく、地面とクラブが水平程度に保たれているフィニッシュがよいと思います。

スイングの始めから終わりまで、手首の角度は変えないようにしたいので、フィニッシュでも右手首の甲側に角度が保たれているような状態が望ましいです。しかし、シャフトの傾きが地面と垂直に近くなる場合は手首の角度がほどけてしまっているということですから、その場合は、どこかしらで手首の動きを使っていたり、クラブの勢いにまかせてスイングしていると考えられます。

フィニッシュは正しいスイングの〝検証〟です。是非、クラブが地面と平行になるよう練習してみてください！

正しくスイングできていれば
フィニッシュ近くで
「クラブは地面とほぼ垂直」に立ち…

フィニッシュでは
「クラブは地面と平行」に
なります！

バンカーショットの逆説〜その1〜

フェースとスタンスをオープンにしない！

バンカーショットというとまず思い浮かべるのが、フェースを開いて構えて、スタンスもオープンにして、ドスンと上から打ち込む――ではないでしょうか？　バンカーショットは普段なかなか練習できないので、ぶっつけ本番になることが多いです。ですから、何か特別な打ち方ではなく、普段のスイングの延長で打てるようにしたほうがよいと思います。

普通のスイングにしたいので、まず、「フェースはあまりオープンにしない」と覚えてください。フェースを開くとヒール側が前に出たような構えに見えます。

そのため、ヒールとシャフト（棒）の部分にボールが当たるシャンクを嫌がり、結果、クラブのトゥ（先端）のほうでボールを打とうとしてしまいます。クラブの先のほうは薄くなっていますので、砂やボールの抵抗に対して弱いため、しっかりと砂とボールを打ち抜くためには、フェースをあまり開かないで打つようにしましょう。

次にスタンスもオープンにしないでください。通常通りに、スタンスもボールを飛ばしたい方向、振っていく方向も飛ばしたい方向で、素直に打ってみてください。

最後にクラブの入れどころです。よく「ボールの手前10㎝あたりに打ち込め」とありますが、これも必要ありません。それにはスイングではなく、セットアップを調整すればよいと思います。

膝を曲げて重心を低くし、いつもよりボールから少し離れて、手元が下がったハンドダウン状態を作って「自然とダフる」構えを作ってください。

バンカーショットの定番は
「スタンスもフェイスもオープン」
ですが…
登らないで下さい

普段のショットとあまり変化を
出したくないので、スタンスも
フェースもオープンにせず
「いつも通り」打ちましょう！
登らないで下さい

バンカーショットの逆説
〜その2〜

距離によって振り幅を変えず「3時→9時」でスイングする！

バンカーショットでフェースを開かず、オープンに立たないでいつものようにスイングすることに慣れてきたら、距離感を覚えていきたいですね。距離感については大切なことは、特別な打ち方をせずに、ここでもスイングは1種類で行うということです。

　距離感を出す時にフェースの開き具合、振り幅などを変える方がいますが、バンカーの場合、砂質はゴルフ場や天候の違いで一定ではなく、芝を打つより安定しにくいため、振り幅やフェースの開き具合に頼るのは難しいのではないかと思います。そこでまずは、10〜20ヤードぐらいの距離を安定して打てるようになることを目指します。この際、スイング幅は一定にして、「時計の3時から9時」の振り幅で行ってください。3時で「腕が地面と平行、クラブは地面と垂直」になり、体を回してスイングし、9時でも「腕が地面と平行、クラブが地面と垂直」になるようにしてください。

　膝を曲げて下半身を安定させるバンカーショットは、通常のスイングよりも体が回りにくかったり、スイングが小さくなってしまったり、振り抜けずに手打ちになりやすくなります。まずは大きく振って、砂の抵抗に負けないように振り抜いて脱出することが大切です。このスイングができるようになったら、次はスイングスピードや力感を落としてスイングしてみましょう。ゆっくりというか、やさしくというか、強くドンと打ってしまわずに、「3時→9時」の振り幅で、やさしく軽くスイングしてボールを出せるように練習してみましょう。

トップはクラブが垂直に立った
「時計の9時」で止める！

フィニッシュもクラブが垂直に
立った「時計の3時」でよい！

アプローチの逆説
〜その1〜

アプローチはインパクトで止めるイメージで打つ！

アプローチでは、よく「フォローを出せ」と言われます。これは手でクラブを上げたり、クラブを自分の手で振り下ろしたりしてしまうと、「インパクトで詰まる」といって、振り抜きがスムーズにいかなかったり、当てて終わりのような形になってしまうために言われることです。

しかし、「フォローを出す」と考えると、クラブヘッドだけを前へ前へ出そうとしてしまう方がいます。ヘッドが真っすぐ向いたまま前に進んでいくというわけではなく、クラブは飛球線方向に進めば進むほど、ロフト（クラブ面の角度）が上を向いてしまいますのでボールが上に飛んでしまうことになります。こうなると、浮いた球は打てますが、飛距離がダウンしてしまいます。

また、手元でヘッドを前に動かしてしまうと、アプローチではロフトのあるクラブを使いますから、フェースではなくクラブの刃の部分がボールに向かってしまって、トップのミスが多くなってしまいます。これではボールが転がりすぎて、グリーン周りを行ったり来たりしてしまいます。ですから、「アプローチはインパクトで止める」ようなイメージを持つことが大切になります。

フォローを無理矢理だそうと意識せず、手の動きを抑えて体をしっかり右に回してテイクバックしてください。そこから体を左に回していって、インパクトで止めるぐらいのイメージを持って欲しいです。フォローは惰性で体が回りきちんと出ますので、無理にフォローをとろうとせずにスイングしてみてください！

アプローチは「手打ち」してしまう方が
とても多いです…

アプローチでも体を使って
腰の高さまでテイクバック
してください！

インパクトで止める
イメージで打つと
ヘッドが走らず安定した
ボールが打てます！

アプローチの逆説 ～その2～

「転がす／浮かす」で打ち方を変えてはいけない！

転がして寄せるか、浮かして寄せるか――アプローチには、大別して2種類の打ち方があります。

転がしたい場合はボールを中心より右側に置いてスタンス幅を狭くし、若干オープンに立って手首の角度をほどかないようにボールを上から叩くイメージでインパクトしている方が多いのではないでしょうか。

また、ふわっと浮かしたボールを打ちたい場合は、転がす場合よりもスタンスを広くし、ロフトを寝かせてボールの下をくぐらせるようにスイングするはずです。

これでうまくいっているという人はよいのですが、どちらの場合も「手打ち」になっている方が多いです。そうなると、距離感の調整が難しかったり、キャリーとランの比率がバラバラだったり、手に力みがあった場合はトップしたりしてしまうのではないでしょうか。本書で繰り返し説明してきたように、どんなスイングでもアドレス時にできた手首の角度をほどかずに、体を回してスイングしていくことが重要になります。もちろん、フェースの開閉も行いません。

そこで提案です。アプローチは常に腰から腰の幅で体をしっかり回してスイングし、転がすボールと浮かすボールは、スイングではなくクラブを変えることで打ち分けてみてはいかがでしょうか。浮かす場合はSWを使い、転がす場合は9Iなどを使ってみると効果的です。

スイングではなくクラブを変えることで、「転がす／浮かす」を打ち分けるようにすれば、ミスが減りアプローチが安定するはずです。是非、お試しください！

「転がす」場合はこのように構えて
打つ方が多いですね…

「浮かす」場合は「転がす」場合と
打ち方が変わってしまいます…

「打ち方」は
常に同じにして
「転がす」時は9I、
「浮かす」時はSWを
使いましょう!

パターの逆説

フォロースルーで「ハンドファースト」になるように意識する！

パターでは、スイングする際に手首をしっかり固定することが絶対に必要になってきます。

手首が動いてしまうと、ヘッドが自分のスイング幅以上に動いてしまい、インパクトでパンチが入ったりして距離感が合いません。

さらに、手首を固定しないでパッティングすると、インパクトでヘッドが走ってしまい、フェース面ではなくパターヘッドの下部分でボールを打ってしまうことが多くなり、芯でボールを打つことができません。

こうしたミスを抱えながらパッティングしていても、ある程度真っ直ぐボールが転がってしまうため、ミスに意外と気が付かないという方が多いです。

ではどうすればよいいか？

まず、パッティング中は手首をしっかりと固定して動かさないことが大前提となります。そのうえで、インパクトがヘッドよりも手首が飛球線方向に飛び出た「軽いハンドファースト」の形になるようなイメージを持ってください。

軽いハンドファーストを意識すると、手首がほどけてヘッドが走るミスを抑えられると思います。パターのヘッドも飛球線方向に低く長く動くため、フェースの芯でボールを捕えることができるようになると思います。

パターの構えやグリップの方法は、「パターに公式なし」と呼ばれるように、個々人がやりやすいようにやっていただいてかまわないと思います。ただ、手首が遊んでしまうと絶対に正しいパッティングはできません。

手首を使ってパッティングすると
振り幅が大きくなり安定しません…

手首はしっかり固定してフォローが
ハンドファーストになるイメージで
パッティングしましょう！

体を回すための逆説

体が回らない人は「3つの常識」を破れ！

体が回りにくいという方に、体を回しやすくするための逆説です。3つあります。

❶体の部位で意識的に固定する部分を作らない
❷腕を突っ張らない（引き伸ばさない）
❸脇を締めない

1つ目はあまり固定する部分を作らないということですが、具体的に言うと、一番大きい部分は頭です。スイング中、「頭は動かしていけない」というイメージがありますが、これは誤りで、正確には「頭というよりは背骨の軸を動かさない」イメージが大切です。後頭部の中心から伸びている背骨の軸は動かさない意識が必要ですが、そこを中心に左右に顔を振ってもかまいません。無理のない範囲で頭を左右に動かせれば、体全体をスムーズに動かしやすくなるからです。

2つ目は腕は突っ張らないということですが、スイングの時に説明した通り、バックスイングで左腕をピーンと伸ばすように動かしていくと、上半身がストレッチされてしまい、正しいスイングプレーンを外れてしまいます。体も当然回りにくくなりますので、少し腕をゆるませてあげるだけで楽に体が動くようになります。

3つ目は脇を締めないことです。脇を締めない、あるいは「肘を体にくっつけない」意識があると、体が回りやすくなります。肘を体にくっつけて体を回そうとすると、体がこわばり、リラックスしたスイングが難しくなってしまいます。アドレスでできた時の脇、肘の空間を維持するような気持ちスイングしてみてください！

「左腕をピーンと伸ばす」ことを
意識すると、体が回りにくく
なってしまいます…

実際に試してみて欲しいのですが
脇が閉まっているとロックがかかり
体が回りにくくなってしまいます…

「起き上がり」を直す逆説

「頭を上げない」では「起き上がり」は直らない！

直

さなければならないスイングの動きで、「体が起き上がってしまう」というものがあります。このミスを修正するため、一般的には「頭を上げない」もしくは頭をアドレスの場所に固定しているように指導されることが多いです。ただ、頭を上げないように注意するだけでは起き上がりが直らない場合もあります。

頭を上げない意識で起き上がりを予防できるのは、ある程度軽症の場合なのではと思います。もっと根本的なところを修正していかないと、起き上がりが直らない場合もあるからです。どうしても起き上がり癖が抜けないという方は、以下の点に注意してみましょう。

まずフェースの向きです。フェースの向きによってヘッドにかかる重力の方向が変わります。したがって、フェースの向きによって起き上がってしまうか、前傾が維持できるか分かれます。フェースが開いていると背中側に重量がかかり上体は起き上がりやすくなりますので、フェースを地面に向けながらダウンスイングすることで、前傾が保ちやすくなります。

また、最初に【基本の逆説】でもご説明したように、常に体の正面にクラブを位置してスイングすることが起き上がりを防ぐためには重要です。当たり前ですが、アドレスで作った前傾は、体が回れば回るほど崩れていきます。その際、重量のあるクラブヘッドが体の中心から外れて体の背中側などに移動してしまうと、前傾がほどける動きはますます加速します。前傾維持には常にクラブを体の幅の中に収めておくこともとても大切です。

「起き上がり」を嫌って
頭を起こさないことを意識すると
体が回らなくなってしまいます…

体を左にしっかり回せないと
重心が右に残り「起き上がり」が
発生します…

フェースを
地面に向けながら
ダウンスイングすれば
「起き上がり」は
防げます!

「ギッタンバッコン」を直す逆説

捻転差を作るから「ギッタンバッコン」になる！

スイング中の〝ギッタンバッコン〟いわゆるリバースピポットの原因と解決方法についてです。ギッタンバッコンのスイングとは、クラブを振り上げた時に頭や体全体が左側に傾いた状態になって、逆に打つ時に右に傾きながら打ってしまうことを言います。

実は捻転差を作ると体は傾きやすくなります。捻転差は、パーツごとに回転（捻り）の度合いに差をもうけることで生み出されますが、これがギッタンバッコンの元凶になっているのです。

ですから、「腰が回る分と同じ角度で肩も回る」イメージが大切になります。腰は30度回転、肩は90度回転などと分けずに、体全体を丸ごと右に90度回転して、そのままインパクトまで90度、そこから左にさらに90度回転していくイメージのスイングが重要です。

バックスイングで左肩が下がって、インパクトで右肩が上がるというスイングも、この状態を生み出しやすいので、肩の位置も地面と水平のイメージで動かすことが重要となります。また、アドレスでは前かがみの姿勢になっています。その前傾を崩さないようにすることは大切ですが、あくまで体は地面と平行に回転しているような感覚で動かす必要があります。

ゴルフではアドレス時にできた前傾を維持するだけでかまいませんが、スイング中に前傾をさらに深くしようとする意識を持つと、左右に傾いたスイングになってしまって、その結果、ギッタンバッコンのような動きになってしまいますので、注意して練習してみてください！

ギッタンバッコンは
バックスイングで体重が
左に残ってしまい…

フォローでは逆に体重が
右に残ってしまいます…

腰と肩で「捻転差」を
作ってしまうから
「ギッタンバッコン」に
なるんです。
上半身を同じ分だけ
同時に回すように
しましょう!

「オーバースイング」を直す逆説

トップでいったん体を止めるイメージを持て！

どうしても、シャフトクロス、オーバースイングが直らないという方がいます。どちらの動きも、フェースが開いてしまうことで起こってしまうミスの一つですが、原因は、「バックスイングの考え方」にあります。バックスイングとは「助走」ではなく、ダウンスイングの「準備」だと考える必要があります。

バックスイングの勢いを利用して切り返しに入る意識だと、トップで〝カクッ！〟とクラブが折れてしまったり、手首が反ってしまったりと、オーバースイング、シャフトクロスの原因になってしまいます。

具体的なイメージとしては、ヘッドの速度が体のスピードを超えているような動かし方をすると、その分惰性が強くなりますので、トップやダウンスイングに入る時にクラブが自分の想定外の動きをしやすくなります。

ですから、勢いをつけずにバックスイングして、トップを作ったら、いったんそこで停止するぐらいの感覚で打つ練習をしてみましょう。

そうすると、ダウンスイングに力が入らなくなってしまいそうですが、慣れてくるとバックスイングの反動を必要としなくても、ボールがきちんと飛ぶことが体感できるのではないかと思います。飛距離もほとんど変わりませんので、ご安心ください。

まずはバックスイングはインパクトための〝助走〟ではなく、インパクトへ向かうための〝準備〟と考えてスイングするぐらいでちょうどよいと思います。

是非、お試しください！

バックスイングで
勢いをつけてしまうと
フェースが開きシャフトクロス
などのミスを招きます！

クラブが地面と垂直になる
トップを作り、一度そこで
体を止めるくらいの感覚で
スイングしてみてください！

坂本プロがズバリ解決！

人に言えない!!

アマチュアゴルファーのお悩み相談Q&A

奥が深～いゴルフの世界。
一歩進んだかと思うと、半歩後退…
ゴルフ場で、練習場で、悶々とした日々を
送っているゴルファーたちのモヤモヤに
ナイスショットな即効アドバイス!!

アマチュアゴルファーの

お悩み相談Q&A

Q.

レッスン書を片っ端から読んでいますが、微妙に書いてあることが食い違っていて混乱してしまいます。もう読まないほうがいいんでしょうか…?（26歳・会社員）

A

これは僕にも経験がありますね（笑）。僕は手を返さずに打つ方法にたどり着きましたが、昔はレッスン書片手に一生懸命手を返したり、腰を切ったり……悪戦苦闘していました。ゴルフはこれが正解というものがなく様々な流派がありますので、違うレッスン書を読むと全く違う動きを練習することになるのでうまくいかないはずです。気が済むまで読んでいただいてかまいませんが、その中から「自分に合った教え」を見つけて、それを積み上げていくことをしなければなりません。それができないなら1人のプロの書いた本だけを読むようにしてみるとよいでしょう！

Q.

打ちっ放しで練習中、絶好調になる瞬間があります。でも、タバコを吸って戻ってきたらさっきみたいに打てない……これって才能がないからなんでしょうか?（52歳・自営業）

A

誰にでも起こることですので心配しないでください。練習場のボールはコースで使用するものと違って、飛ばないしスピン量も少ないのが特徴です。そのため、ナイスショットしてもコースよりボールが上がらなかったり、途中で失速したりします。これが気になって、力んだりあおり打ちをしてしまう方が多いですね。練習場では飛距離よりも、ボールの高さがそろっていて、ボールが少し右に出るくらいがちょうどいいものです。また、何百球も打つより、100球程度を丁寧に打つ練習をしましょう！

Q.

手打ちか、ボディターンか…それが問題です。本当のところ、どちらが正しいんでしょうか!?（53歳・会社員）

A

う〜ん、僕はこの本でも解説しているようにボディーターンをおススメしますね。ただ、今現在、自分のスイングに満足しているのなら無理に修正しようとする必要はないと思います。どのように打ってもルール違反ではありませんからね。それと多いのが、自分で「手打ち」だと決めつけてしまっている人です。手打ちは「ヘッド打ち」と言い換えてもよいのですが、手首を返してヘッドだけを走らせて打つのが本当の「手打ち」です。スイングで手を振っている感覚があっても、体と連動して手が動くのは当然ですからそれは手打ちではありません。あまり言葉に惑わされず、しっかり体を回すことを練習してほしいですね！

Q.

「ドライバーを変えたらでスライスが直った」みたいに、自分に合ったクラブを見つけないといけないんでしょうか？（32歳・公務員）

A

初心者の方などは何が自分に合ったクラブか分からないでしょうから、ドライバー選びのポイントをあげておきます。第一に、シャフトは硬くないものを選んでください。「男だからシャフトはSだな」などと思い込まないで欲しいです。シャフトが硬いと力みのあるスイングになりがちですので、初心者は「R」のシャフトを選んでください。それとロフトもきつくないものがよいですね。ドライバーなら「ロフト角10・5度以上」は欲しいところです。長さもあまり長くないものが最適です。クラブにこだわると、「これは自分にピッタリなんだ」というメンタル効果も期待できますから、是非研究してみてください！

アマチュアゴルファーの

お悩み相談Q&A

Q.

ゴルフの練習を始めて半年です。最近よくコースに誘われるのですが、下手なうちからコースに出てもよいもんでしょうか?

（39歳・営業職女性）

A

どんどんコースに行ってください。コースに出ると練習場では身につかないものがたくさんあるからです。「下手だから迷惑をかけたくない」とお考えなんでしょうが、初心者は多かれ少なかれ迷惑をかけるものです。ゴルフ場での細かなマナーなど実際に行ってみないと分かりません。それより何より、ゴルフ場は気持ちいいし楽しいですよ。初心者同士で行くのはあまりおススメしませんが、経験者と一緒ならどんどんコースに行くべきです。そのほうが上達も早いと思いますよ!

Q.

「100切り」したければ、まず何を練習すればよいでしょうか!?

（40歳・団体職員）

A

僕の生徒さんを見ていると、「100切り」にはパターンがあるように思います。まず、ウェッジやショートアイアンで練習を始めます。それがある程度打てるようになると、今度はミドルアイアン、ドライバーやミドルアイアンを練習するようになります。すると、ドライバーやミドルアイアンでコースでまあまあの場所に打てるようになる。ここでだいたいスコアは「110前後」ですね。ここから皆さん考えるわけです。「あ、アプローチとパットでこんなに叩いている!」と。それでまたウェッジやショートアイアンの練習を始めて晴れて「100切り」というパターンです。ですから現在スコアが110前後の人はアプローチを練習することです。女性の場合は「ドライバーと7IとPW」しか使わない方が多いですが、これが全番手を使えるようになったら「100切り」間近です。パターはアプローチがよくなれば簡単になりますから、アプローチをもう一度見直してみてはいかがでしょうか!

【取材協力】

E.I.ゴルフシティー

東京都中央区日本橋本町4-7-1 HKビルB1F
TEL 03-5542-1935
アクセス：神田駅東口から徒歩5分
http://eigc.jp/

BOX GOLF

東京都新宿区新宿4-3-15 レイフラットB館2F
TEL 03-6457-7896
アクセス：新宿駅南口徒歩3分、新宿三丁目駅E7・E5出口から徒歩0分
http://www.boxgolf.net/index.html

新君津ベルグリーンカントリー倶楽部

千葉県君津市東猪原12
TEL：0439-70-5130
アクセス：君津IC（館山自動車道）から約10分
http://www.newkimitsu.com/

坂本龍楠
(さかもと・りゅうなん)1981年生まれ。神奈川県出身。小・中・高と野球に打ち込んでいたが、父親の影響もあり大学入学とともにゴルフを始める。その後オーストラリアへ単身留学して、本格的にゴルフを勉強し、帰国後関東一円にて各種レッスンを開始する。2011年にPGA(日本プロゴルフ協会)のティーチングプロ資格を取得し、体幹を基本としたゴルフ理論によるDVDの製作や、動画投稿サイト「YouTube」でゴルフ関連の動画サイトを立ち上げレッスン動画を公開している。チャンネル登録数は32,000名を超える。現在、都内各所にてレッスン活動を行っており、独自のレッスンスタジオの開設を計画している。

YouTubeで大人気《だいにんき》のレッスンがこの1冊《さつ》に!!
100切《ぎ》りお約束《やくそく》「逆説《ぎゃくせつ》のゴルフ」
2015年9月23日　第1刷発行

発行人　赤坂了生

発行所　株式会社双葉社
〒162-8540　東京都新宿区東五軒町3番28号
[電話]03-5261-4818(営業)　03-5261-4827(編集)
http://www.futabasha.co.jp/
(双葉社の書籍・コミック・ムックが買えます)

印刷・製本　三晃印刷株式会社

編集　㈲21世紀BOX
栗原大(双葉社)

デザイン　鈴木徹(THROB)

DVD制作　仙田裕一郎(フォルム)

【DVD破損及び不具合に関するお問い合わせ】
ディスクサポートセンター
電話番号：0120－500－627
受付時間：10〜17時(土日祝、年末年始を除く)

ISBN978-4-575-30944-7 C0076